ハウ・アバウト・ユー?

How About You?

幸せを呼ぶ愛のかたち

大川隆法
Ryuho Okawa

What Is Love?
Real Love Gives Freedom
If You Love from the Depths of Your Heart...
Is Your Love a Real One?
Let Us Rejoice in the Little Things
Live with Cheer
Love Gives Birth to Happiness

まえがき

『コーヒー・ブレイク』『ティータイム』『アイム・ファイン』に続いて、気楽に読めて、ちょっとだけタメになる、そういう、考え方の本を書いてみました。

本書のテーマをあえて言えば、「嫉妬《しっと》とさわやかさの関係」です。ほんとうは『幽霊《ゆうれい》にならずに人生を生きる法』とでも名づけたかったのですが、この題だと、電車の中や喫茶店《きっさてん》では読めないかもしれませんね。

「ハウ・アー・ユー？」「アイム・ファイン・サンキュー」「ハウ・アバウ

ト・ユー？」といった英会話に出てくるように、あなたご自身の幸福生活を気づかった一書です。

二〇〇九年　五月

幸福《こうふく》の科学《かがく》総裁《そうさい》　大川隆法《おおかわりゅうほう》

How About You?

ハウ・アバウト・ユー？

Contents

Part 1

あなたは愛に振《ふ》り回されていませんか？

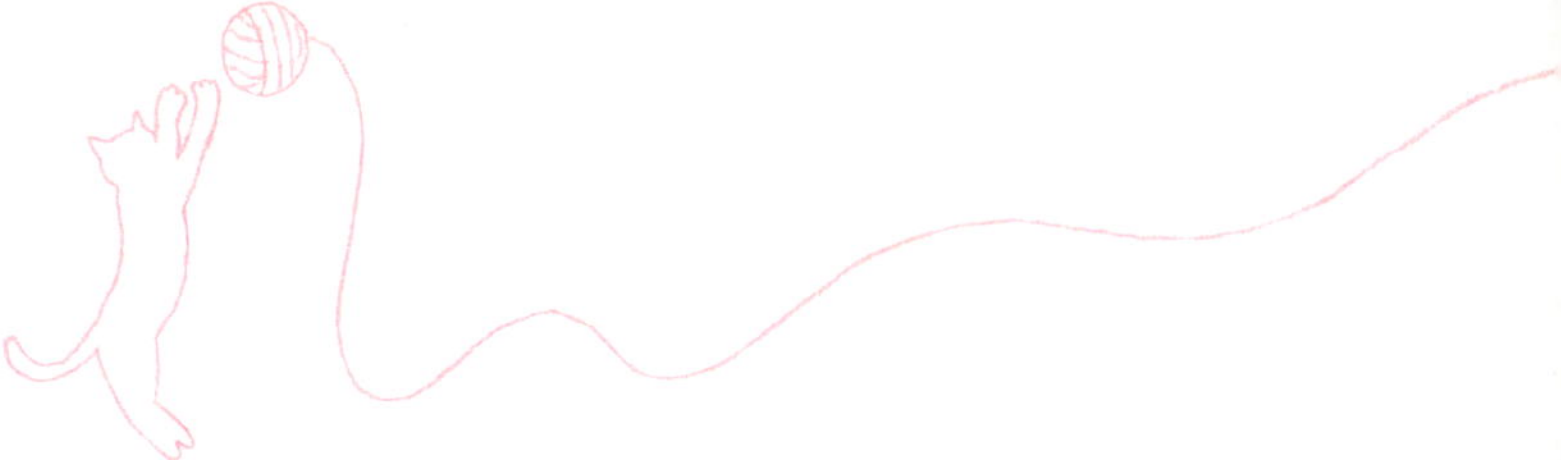

Part 2

あなたの愛はほんものですか？

Part 3

あなたの心はさわやかですか？

愛って何だろう

素朴《そぼく》に、率直《そっちょく》に、
「愛って何だろう」と問いかけられたときに、
どれほどの人が、
的確《てきかく》で、かつ簡潔《かんけつ》な答えをすることが
できるでしょうか。

「あなたが日ごろ言っている
『愛』が大事なことはよく分かった。
ところで、その愛とは、いったい何なのだね」
と訊《き》かれたときに、適切《てきせつ》に答えられるでしょうか。

そうなのです。
お仕着せの言葉ではなく、
もっと易《やさ》しく分かりやすい、自分自身の言葉で
説明できなければなりません。

それができなければ、
まだまだ悟《さと》りが本物になっていないということです。

そこで、
「『愛って何だろう』ということについて、
いろいろな考え方をしてみよう。
愛をもっともっと深めてみよう。
愛をもっともっと簡単《かんたん》に言い切ってみよう」と、
私は提案《ていあん》したいのです。

How About You?

Part 1

あなたは愛に振《ふ》り回されていませんか？

Real Love Gives Freedom

「嫉妬心《しっとしん》」で思い出す、映画《えいが》「怪談《かいだん》」

まず、「嫉妬心《しっとしん》に振《ふ》り回されないためのコツ」についてお話ししましょう。

さて、「嫉妬心」というテーマで思い出すのが、二〇〇七年に公開された「怪談《かいだん》」という映画《えいが》です。

この映画は、正直なところ、みなさんにあまりお勧《すす》めはしませんし、私自身、宗教家としての道に入ってからは、なるべくホラーものの映画は避《さ》けてきました。

ただ、仕事柄《がら》、やはりこの手のものは研究対象になるものですし、「主役の女優《じょゆう》が演《えん》じる幽霊《ゆうれい》はどのくらい手ごわそうか」ということへの興《きょう》味《み》も多少はありました。

そんな思いもあって、「これは、一回、観《み》ておかなければ」と、映画館に足を運んでみたのです。

この映画を観ていない人のために、まず、ストーリーを簡単《かんたん》に説明したいと思います。

色男と恋《こい》に落ちた美人の話

時は江戸《えど》時代の末期です。

江戸の町に、三味線《しゃみせん》を弾《ひ》いて浄瑠璃《じょうるり》の唄《うた》を教える、女性のお師匠《ししょう》さんがいました。もうすぐ四十歳《さい》になろうという独身《どくしん》の美人です。

そのお師匠さんの家には、近所に住む、たばこ売りの若《わか》い男がよく出入りしていましたが、あるとき、その色男と深い仲になり、自分の旦那《だんな》のように囲い込《こ》むのです。そんなところから話は始まります。

その男は、お師匠さんよりもかなり若く、まだ二十歳過《はたちす》ぎでしたが、二人はとても愛し合います。

しかし、やがて、お師匠さんは、自分のところへ稽古《けいこ》に通っている若い女弟子《おんなでし》と、その男との関係を疑《うたが》い始め、「若い女のほうを好きになったのではないか」と嫉妬《しっと》するようになりました。

あるとき、お師匠さんの顔にできた傷《きず》が腫《は》れ、お岩《いわ》さんのようになってしまいました。それでも男はお師匠さんを見捨《みす》てず、看病《かんびょう》します。

ところが、花火の晩《ばん》、男が若い女と外で遊んでいるうちに、お師匠さんは体の具合が悪くなり、死んでしまいます。そして、そのまま幽《ゆう》霊《れい》になるわけです。

お師匠さんは、最期《さいご》に、「ほかの女と結婚《けっこん》したら、取り殺してやる」という書き置きを遺《のこ》して死にました。

それ以来、男がほかの女性と結婚しようとするたびに、必ずお師匠さんの幽霊が現《あらわ》れ、相手の人を取り殺すようになるのです。

映画「怪談《かいだん》」は、だいたい、そのようなストーリーです。

実際《じっさい》に映画を観てみると、女優《じょゆう》の演技《えんぎ》がなかなかうまかったのと、コンピュータグラフィックスの効果《こうか》もあってか、怖《こわ》さがいっそう増《ま》していました。

私も、こわごわ観ていたわけですが、作品を通して感じたことがありました。

それは、「人が幽霊になるときの原点が、ここにある」ということです。

この映画は男女の話が中心なので、いちおう、「愛」が描《えが》かれてはいるのですが、その「愛」の中身が問題なのです。

愛すればこそ、独占《どくせん》したくなって……

幸福の科学でも、「愛」についての教えは数多くありますが、この「愛」と「執着《しゅうちゃく》」の境目《さかいめ》には、実に難《むずか》しい問題があります。

愛すれば、やはり執着してくるでしょう。

愛すれば、やはり独占欲《どくせんよく》が出てくるでしょう。

愛する者が、例えば自分以外の人に心を向けたりすると、嫉妬心《しっとしん》が湧《わ》いてくるでしょう。

この問題は難しいものです。

愛さなければ、そういうものは湧いてこないのに、愛すればこそ、独占したくなるし、嫉妬も湧いてくるわけです。

これは、女性の場合、ほとんど逃《のが》れられない性《さが》でしょう。どうですか？　逃れられる人がいますか？　基本的《きほんてき》に逃《に》げられないでしょう。

私の『感化力』（幸福の科学出版刊）という本では、「夫婦《ふうふ》間の健全な嫉妬心には一定の効用《こうよう》がある」と述《の》べていますが、あんな恐《おそ》ろしい幽《ゆう》霊《れい》ものの映画《えいが》を観《み》ると、ちょっと考えてしまいます。

一度、注意しておかないと、みなさんが幽霊になってしまうことがあるかもしれないので、念のために言っておきたいと思います。

仏教では「愛」イコール「執着《しゅうちゃく》」!?

ところで、釈迦《しゃか》の言葉として遺《のこ》っているもののなかには、現代《げんだい》から見ると不思議な教えがあります。

それは何かというと、「だから人を愛するなかれ」という教えです。

ここで言っている「愛」とは、私が教えている愛とはちょっと違《ちが》っていて、「執着《しゅうちゃく》」という意味です。「愛執《あいしゅう》」といって、身内などの相手に対し、トリモチ※のように執着していく愛のことです。

例えば、親の、子供に対する執着があります。

※小鳥や昆虫などを捕獲するために用いる粘着性の物質。モチノキなどの樹皮からつくる。

今は一人っ子が多いということもあって、親が子供に執着して手放さず、トリモチのような愛で逃《に》がさないようにして苦しみをつくることがよくあります。

子供のほうも苦しみますが、親は親で苦しみます。

あるいは、夫婦《ふうふ》間にも、そのような愛が出てくることがあります。

それは、〝縛《しば》る愛〟とでも言うべきものです。

「愛」といっても、私が説いている「与える愛」ではなく、「縛る愛」というものもあるわけです。

愛のなかには、
「与える愛」もあれば、
「縛《しば》る愛」もある。

親から独立《どくりつ》したい子供と、子供を逃《に》がさない母親

人間は、本能的《ほんのうてき》にいけば、縛《しば》る愛のほうが当然のような感じになります。やはり、好きになると、縛る愛になりやすいのです。

例えば、母親は、子供がかわいいからこそ、ギューッと縛って逃《に》がさないようにします。それに対して、子供のほうは、「独立《どくりつ》したい。自立したい」ということで反抗《はんこう》します。それで、反抗期というものが必ず起きてくるのです。

その時期に、親の縛る愛を突破《とっぱ》できた人のみが、一人前の社会人になれます。そして、結婚《けっこん》でき、親以外の異性《いせい》と家庭を持つことができるわけです。

これを突破できなかった人は、三十歳《さい》を過《す》ぎても結婚できず、家にいるはずです。

これは、母親と息子《むすこ》の場合だけではありません。あまりに親から愛されすぎている一人娘《むすめ》なども、やはり、トリモチに捕《と》らわれたようになって、家から出られません。

そのように、愛の問題においては加減《かげん》が難《むずか》しいのです。愛すること自体は悪いことではないのですが、愛するがゆえに、かわいがりすぎて、苦しみをつくってしまうのです。

それが極端《きょくたん》までいくと、最後は、映画《えいが》「怪談《かいだん》」のお師匠《ししょう》さんのように、「自分の愛した男が、ほかの女を好きになるのは許《ゆる》せないから、幽霊《ゆうれい》になってでも、相手の女を次々と取り殺していく」というところまでいくわけです。

会うは別れの始め

映画だから極端《きょくたん》に見えますが、そのようなことは、目に見えない世界では実際《じっさい》に起きていることです。

霊的《れいてき》に見れば、死んでから不成仏霊《ふじょうぶつれい》になっている者のなかには、憎《にく》しみだけで憑依霊《ひょういれい》になっているわけではなくて、「愛しているがゆえに、家族や恋人《こいびと》、夫、妻、子供などに憑依して離《はな》れない」という霊が数多くいるのです。

「愛する者をつくるな」「執着《しゅうちゃく》するなかれ」という釈迦《しゃか》の教え、『長男だから』とか『財産《ざいさん》があるから』とかいったものに執着するなかれ」

という教えは、それだけを見れば、非常に冷たいようにも見えます。「どうして、そんな冷たい、反社会的な見方をするのだろう」と思う人もいることでしょう。

しかし、怪談《かいだん》ものの映画などを観《み》ると、その意味がよく分かります。釈迦の教えも、〝幽霊《ゆうれい》になりたくなかったら〟という言葉を上に付ければ、はっきりと意味が分かるのです。

「幽霊になりたくなかったら、
執着を捨《す》てなさい。
死んだら、あっさりとあきらめよ。

この世のものに執着するなかれ。
この世の人に執着するなかれ。
愛する者でも、やがて必ず別れなければいけないのだ。
別れるときが必ず来るのだ。
それを知りなさい」

釈迦は、そのように言っているのです。

「会うは別れの始め」という言葉もあるとおり、「必ず別れなければいけなくなるのだ」ということです。

会うは別れの始め。
愛する人とも
必ず別れのときが来る。

愛する人との別れは悲しいけれど……

「愛する者との別れ」は、いちばん悲しいものですが、人生においては避《さ》けることができません。

あるときは仲間であったり協力者であったりして、ものすごく愛し合った者同士が、何らかの出来事によって憎《にく》み合うようになり、別れていくこともあります。

それは悲しいことです。

しかし、それも人生の真実なのです。

そういうふうに、「流動的に流れていって、固定させることができないことのほうが、実は真実で、固定的なものがあると思うほうが、実は間違《まちが》っているのだ」ということを、釈迦《しゃか》は教えているのです。

結婚《けっこん》に際《さい》しては、「永遠《えいえん》不変の愛」を誰《だれ》もが信じたいところではありますが、数十年の人生のなかでは、やはり、苦しみの局面はそうとう出てくると思います。

そのときに、愛のあり方というものを、もう一度、考えてください。

「この愛のあり方は、幽霊《ゆうれい》になるタイプの愛のあり方か、そうでないか」ということを、一度、考えていただきたいのです。

「一人娘《むすめ》がお嫁《よめ》に行かない家庭」の意外な原因《げんいん》

例えば、一人娘《むすめ》が嫁《よめ》に行かずに家にいるとします。

その場合に、親としては娘を〝愛している〟つもりでいるのですが、実は、娘を手放したくなくて家に置いている場合もあるのです。

「この愛は、自分たちが死んだら、娘に取り憑《つ》くタイプの愛ではないかどうか」ということを考えていただきたいのです。

あるいは、夫婦《ふうふ》の場合でも、「夫婦で愛し合っている」といっても、

「その愛は、片方《かたほう》が死んだら、幽霊《ゆうれい》になって取り憑くような愛ではないかどうか」を、一度、チェックしていただきたいと思うのです。

やはり、人間にはそれぞれの魂《たましい》があり、それぞれの修行《しゅぎょう》課題を持っているので、「相手に、そこまで執着《しゅうちゃく》してはいけない」という限度があるのです。

「愛する者と別れ、憎《にく》しむ者と出会う」という人生の真実

釈迦《しゃか》は、「四苦八苦《しくはっく》」の教えのなかで、次のように説いています。

「この世は、愛する者と別れ（愛別離苦《あいべつりく》）、憎《にく》しむ者と出会う（怨憎会苦《おんぞうえく》）世の中である。

それをよく知っておきなさい」

実に厳《きび》しい言い方ですが、これは人生の真実なのです。

人間関係は、川の水のように流れていく

また、釈迦《しゃか》は、「諸行《しょぎょう》は無常《むじょう》である」とも説いています。

「世の中は変転していくものであり、何一つ同じ環境《かんきょう》を維持《いじ》することはできない」ということです。

これも、そのとおりです。

私は、二十年あまり組織《そしき》を率《ひき》いてきましたけれども、人間関係を固定することは、なかなかできませんでした。

いろいろな人が協力者として現《あらわ》れてきましたが、短期間で離《はな》れてい

ったり、また新しい人が出てきたりして、入れ代わり立ち代わり、人は替《か》わっていきました。

「この人こそ、一生の協力者だ」と思ったような人が離れていったことが何度かあり、悲しい思いもずいぶんしました。

しかし、そのうちに、「まあ、そんなものかなあ」と思えるようになりました。

「その時期その時期で、手伝う人が出てきてくださるというのは、ありがたいことだな」と思うようになったのです。

そして、あとから出てくる人は、前にいた人よりも力のある人であることがほとんどでした。

「やはり、その段階《だんかい》、段階で、必要な人が出てくるのだな。だから、別れを惜《お》しんでばかりいてはいけないのだ。新しい出会いがあるということを、喜びに思わなければいけないのだ」

二十年あまりやってきて、そのように感じています。

「個人的《こじんてき》には、その人と、一生、良好な関係が続けばいい」と思うものです。

ところが、どこかで別れが来て、悲しい思いをするわけです。

その一方で、新しい人も出てきます。

新しい人はどんな人か分からないし、「ほんとうに、うまくいくのかな」と不安に思うものです。でも、そういう新しい人が、それなりに力を伸《の》ばしてきて、組織を支《ささ》えてくれることもあります。

こうしたことは、「新陳代謝《しんちんたいしゃ》」という言葉に通じる面があるかもしれません。

「人間関係も、川の水のように流れていくことがある」ということです。

人間関係も、
川の水のように
流れていく。

「あの世への旅立ち」を見送る遺《い》族《ぞく》の心がけ

みなさんは、ある程度《ていど》、「諸行無常《しょぎょうむじょう》」という言葉を知っていなければいけないと思います。

例えば、人間同士の付き合いにおいては、出会ったときに、すでに別れが始まっているのです。

この世において、そういう人間関係的な別れがなかったとしても、最後は「死別」というかたちでの別れが確実《かくじつ》にやってきます。

そのときに、つれ合いが亡《な》くなったあと、長い間、悲しんでばかりいたら、死んだ人、あの世へ還《かえ》った人のほうだってつらいのです。

この世に遺《のこ》った夫や妻が、毎日毎日悲しんでいたら、つらくてあの世に旅立てません。


新しい世界に入って、新しい友達と出会ったり、勉強したりして、あの世で修行《しゅぎょう》しているところを、後ろから、ぐうっと引っ張《ぱ》られるような感じになります。

「ああ、遺した妻のことが気になるなあ」と、後ろ髪《がみ》を引かれる気持ちになるのです。

それがあまりに強いようだと、やはり気の毒です。

結婚《けっこん》したときから、最後には死に別れることになっているわけなので、「いつかは必ず、愛する者とは別れるのだ」ということを、どこかで冷静に考えておかなければなりません。

そう思っていることが、人間関係のなかに、一定の不動心、心の安定を与えます。

ある意味での冷たさのようにも見えるかもしれませんが、これが安らぎに似《に》たものを与えてくれるのです。

子供もいつかは親から独立《どくりつ》する日が来る

一生の間には、子供と別れることもありますし、子供が先に死ぬこともあります。いろいろなことが人生には起きてくるでしょう。

しかし、世の中は、そんなものなのです。

自分の子供が生まれたら、「一生、一緒《いっしょ》に住めたらいいなあ」と誰《だれ》もが思いますが、いつか必ず子供は〝反乱《はんらん》〟を起こして独立《どくりつ》していきます。

しかし、「それでいいのだ」と思わなければなりません。

「子供は親に反乱を起こして独立するものなのだ。

それを親が抑《おさ》え込《こ》もうとするのは、やはり間違《まちが》っているのだ。

世の中は、そういうものなのだ。

これが真理であり、前提《ぜんてい》なのだ」

そう思って、不必要に苦しんだり悲しんだりしないことです。

人間関係においては、愛というものを梃子《てこ》として、苦しみや悲しみを増大《ぞうだい》させないことが大事なのです。

心は、なかなか自由にならないもの

この世は、何一つ自由にならない世界です。
自分自身の心だって、自由にするのは大変なことです。
なかなか思うようにならないものです。

昔から「意馬心猿《いばしんえん》」といいます。
「心は、馬のごとく、猿《さる》のごとく、暴《あば》れて動き回り、
なかなか自由にならない。

自分自身でも自由にならないのだから、

夫婦《ふうふ》であろうと、親子であろうと、兄弟であろうと、
友達であろうと、事業の協力者であろうと、
なかなか思うようにはならないものなのだ」
そういうものだと思っておけば、川のごとく流れていくことができるのです。

ほんとうの不動心とは？

「岩のごとく動かないことが不動心である」というわけではないのです。岩のごとく何億年も動かないことが不動心かというと、そんなことはありません。

「世間は動いている。流れているのが、ほんとうの姿《すがた》なのだ」と思うことによって、そのようなものにも耐《た》えていくことができるのです。

「絶対《ぜったい》に、この会社に一生勤《つと》めるぞ」と思って、意気揚々《ようよう》と入社した人たちであっても、次々と会社を辞《や》めていきます。一年後、三年後、十年後と、時期はそれぞれですが、辞めていく人がいます。分からないものです。

「すべては、人生の学びの過程《かてい》なのだ」と思うことです。

「自分に必要な問題が与えられる。人間関係であろうが仕事関係であろうが、次々とそういう問題が与えられるのだ」と考えることが大事なのです。

すべては、人生の学びの過《か》程《てい》。
人間関係、仕事関係など、
次々と問題が与えられる。

イギリス旅行での出来事

映画《えいが》「怪談《かいだん》」の話では、愛しすぎることで生まれる苦しみについて述《の》べましたが、ここで、それとは対照的な話もしたいと思います。

私は、二〇〇七年の七月の終わりから八月の初めにかけてイギリスに行き、その滞在《たいざい》中、ロンドンからエジンバラに飛んで一泊《ぱく》しました。エジンバラ近郊《きんこう》のアボッツフォードという所に、「シェークスピア以来の大作家」といわれたウォルター・スコットの居城《きょじょう》があります。その城《しろ》には巨大《きょだい》な書庫と武器庫《ぶきこ》があり、彼は、それを参考にしながら小説をたくさん書いていたそうです。

「物書きならば、一度は見に行かなければいけない」と言われている場所なので、少し遠かったのですが、私も見に行ってきました。ボーダー地方という、イングランドとスコットランドの中間に近いあたりです。

ある女性ガイドの身の上話を聞いて

そのときにガイドを務《つと》めてくれた人は、エジンバラに十数年住んでいるという、四十代前半の日本人女性でした。

彼女は、一九七〇年代に日本でも流行《はや》った、エジンバラ出身のグループの歌が大好きで、その歌手や彼らのファッションに惹《ひ》かれてエジンバラを訪《おとず》れ、そのまま居《い》ついてしまったそうです。そして、スコットランド人の男性と結婚《けっこん》し、ガイド業を十数年やっているということでした。

「ご主人は？」と訊《き》くと、「三年前に亡《な》くなりました」と言いました。

そして、「私は、主人と住んでいた家にまだ住んでいます。ガイド業の資格《しかく》もあるので、今もこの仕事を続けているのですが、もう三年たったので、どうしようかと迷《まよ》っているんです」ということを、車のなかで私に言ってきたのです。

「天国に還《かえ》って、とってもハッピーだ」

彼女は、私に霊能力《れいのうりょく》があることを知っていたので、「霊能者である私に、ご主人のことを相談したいのかな」と感じました。

そこで、私は、天国のご主人からの言葉をお伝えしました。

「ご主人は、『天国に還《かえ》って、とってもハッピーだ』と言って喜んでいますよ。結婚《けっこん》生活は、とても幸福だったようですね」

彼女はうなずきました。

「そうです。だから、なかなか忘《わす》れられないんです。とってもいい人でした」

「ご主人は、『こちらでハッピーに暮《く》らしているから、君は、もう自由にしていいよ』と言ってますよ。

『もう三年たったし、いつまでも、この土地に縛《しば》られなくてもいいんだよ。もう君は自由にしたらいいよ。まだ若《わか》いんだから、いい人を見つけなさい。日本に帰ってもいいし、ここに居《い》てもいいし、どちらでもいいから、いい人を探《さが》しなさいよ。

君との結婚生活はとっても楽しくて、うれしかったよ』

ご主人は、そう言ってますよ」

「そうですか！」

彼女は喜びました。まさに、そういうことが聞きたかったわけです。

亡夫《ぼうふ》からのメッセージに涙《なみだ》ぐみながら、喜んだ彼女

「はたして、三年前に死んだ夫が、今も自分に取り憑《つ》き、『結婚《けっこん》させまいぞ』と思って、自分を締《し》め上げているのか。それとも、あの世で幸福に暮《く》らしているのか」ということが、彼女には気がかりだったのでしょう。

それに対して、ご主人は、「ああ、もういいよ。私はこちらの世界でも幸福に暮らしている。友達もできて、楽しくやってるから、もう君は自由にしなさい。私に執着《しゅうちゃく》しないで、ほかに好きな人をつくりなさい」と言っているわけです。いいご主人です。

四十代前半なら、まだ十分に相手が見つかる年齢《ねんれい》なので、「いい人を探《さが》しなさい」という許可《きょか》をいただけたら、それはありがたいことでしょう。

「『私は天国で暮らしているから、もういい。私の墓守《はかもり》はしなくていいよ』と言ってくれていますよ」

そのように、ご主人の言葉を伝えると、彼女は涙《なみだ》ぐみ、喜びました。

私は、「テレビなどに出ているスピリチュアリストと間違《まちが》われているのかな」とは思いながらも、実際《じっさい》に、彼女のご主人の霊《れい》が考えていることが分かるので、それをお伝えしたわけです。

天国に行く人、幽霊《ゆうれい》になる人の違《ちが》いとは?

このイギリスでの話と、映画《えいが》「怪談《かいだん》」とを比《くら》べてみると、「やはり心境《しんきょう》の違《ちが》いというのは出るものだな」と思います。

ガイドさんのご主人は五十歳《さい》ぐらいで亡《な》くなられたそうなので、思ったよりも、ちょっと早い別れだったようではありましたが、そのご主人の霊《れい》の場合は、「好きな相手を新しくつくったら、取り憑《つ》いて殺す」という怪談話とは正反対です。

自分自身が霊となったときには、できれば、こういうふうに、遺《のこ》された者たちがそれぞれ幸福になっていくように願いたいものです。

「この世への執着《しゅうちゃく》を断《た》ち、あの世から見守ろう。

自分は自分で、新しい世界で、

また友達をつくって生きていこう」

そういう気持ちを持つことが大事です。

このような人は天国に行くのです。

そうではなく、この世に遺っている妻に取り憑き、「おれがやった土地と家なんだから、他人なんか入れたら絶対《ぜったい》に許《ゆる》さんぞ」などと言っていたら、確実《かくじつ》に幽霊《ゆうれい》になってしまいます。

遺された人たちが幸福になるように、あの世から祈ることができるような気持ちになりたいものです。

この世からは必ず去っていくものなので、「そういうものだ」と最初から思っておかなければいけません。

この世を去る人は、
遺《のこ》された人たちが
幸福になるように願おう。

それは、ほんとうの愛？　それとも……

ほんとうに相手を愛しているのならば、相手の幸福を願うべきであり、相手の不幸を願うべきではありません。

もし、自分が「愛だ」と思っているもののなかに、相手の不幸を願う気持ちがあるならば、それは自我我欲《じがかよく》の愛です。

それは、自己保存欲《じこほぞんよく》、あるいはプライド、「自分がかわいい」という気持ちでの「愛」なのです。

ほんとうの愛だったら、相手のその後の幸福を願わなければいけません。

相手の不幸を願ったり、「再婚《さいこん》相手の若《わか》い女性を次々と取り殺し、最後には、好きだった男まで殺してしまい、あの世に引きずり込《こ》んで連れていく」などということでは、完璧《かんぺき》に地獄《じごく》行きです。それは悪霊《あくりょう》の段階《だんかい》まで行っています。

そんなふうにはなりたくないものです。

あなたの愛は〝縛《しば》る愛〟になっていませんか？

愛がそんなふうになるのなら、悲しいことです。

そのようになる場合は、〝愛しすぎること〟が問題なのです。

子供であろうと、夫婦《ふうふ》であろうと、恋人《こいびと》であろうと、愛しすぎることによって、お互《たが》いに傷《きず》つくことがあります。

そういう幽霊《ゆうれい》になりやすいタイプの人には、どうも、やりすぎる傾《けい》向《こう》があるようです。

「そこまでしなくてもいい」と思うのに、愛しすぎるのです。

子供に対しても、異性《いせい》に対しても、あまりにも尽《つ》くしすぎたり、愛しすぎたりした人が、だいたい、嫉妬《しっと》深くなり、独占欲《どくせんよく》が強くなって、最後は幽霊になるのです。

だから、「愛しすぎる」ことも問題なのです。

そうではなく、ある程度《ていど》、相手を自由にさせてあげることです。

子供だって自由にさせてあげなければいけないし、夫だってある程度は自由にさせてあげなければいけません。

完全に縛《しば》り上げて、〝籠《かご》の鳥〟にしてしまったら、やはり「愛」ではないのです。空を飛んでこその鳥なのであって、籠のなかの鳥では〝死んで〟しまいます。

ご主人だって、会社に行って機嫌《きげん》よく働くことができるためには、奥さんの応援《おうえん》は必要であり、愛は必要です。

やはり、愛のなかには、一部に健全な嫉妬心はあるでしょう。嫉妬心そのものは、なくすことはできません。嫉妬心は、向上心や競争心などとも関係しているので、たぶんゼロにはならないでしょう。

嫉妬心《しっとしん》は「きつね色」に妬《や》くぐらいがちょうどよい

松下幸之助《まつしたこうのすけ》は、「※嫉妬心《しっとしん》は狐色《きつね》に程《ほど》よく妬《や》かなければならない」と、上手《じょうず》な言い方をしています。

「真っ黒焦《こ》げ」になるほどに妬いては駄目《だめ》なのです。

しかし、まったく妬かないというのも駄目で、「きつね色に、こんがりと妬くのがよろしい。その程度にしなさい」と言っています。

これも一種の中道《ちゅうどう》でしょうか。珍《めずら》しい教えかもしれませんが、「嫉

※昭和二十八年『ＰＨＰのことば』、谷沢永一『松下幸之助の智恵』〈ＰＨＰ研究所〉より引用。

妬心における中道」ということでしょう。

夫であれ妻であれ、やはり多少の嫉妬心や独占欲《どくせんよく》はあると思います。

特に、夫婦《ふうふ》の片方《かたほう》が趣味《しゅみ》やサークル活動などに熱心になったりすると、心配になって、いろいろ言いたくなるでしょうが、「嫉妬心は、きつね色ぐらいまでですよ。焦げ茶になったり、真っ黒になるまでいったら、やりすぎですよ」ということです。

もっとも、「嫉妬心をまったく持っていない」という場合も、ちょっとどうかと思います。

「ご自由にどうぞ。全然、何も気にもしていないし関心も持っていませんから、どこへ行って、どこで死のうとかまいません」というのは、愛がないのとほとんど同じなのです。

きつね色にこんがりと妬いて、害を与えないぐらいの嫉妬心で止《と》めるのがよいのです。そのあたりで止めれば、幽霊《ゆうれい》にならずに済《す》みます。しかし、「真っ黒焦げになるまで妬いたら、幽霊になりますよ」と、ご注意を申し上げておきたいと思います。

これは、夫に対しても子供に対しても同じことです。真っ黒になるまで妬いては駄目です。きつね色にこんがりと、うっすらと妬けるぐらいまでにしてください。

愛する人への嫉妬《しっと》は、
きつね色に妬《や》くぐらいまで。

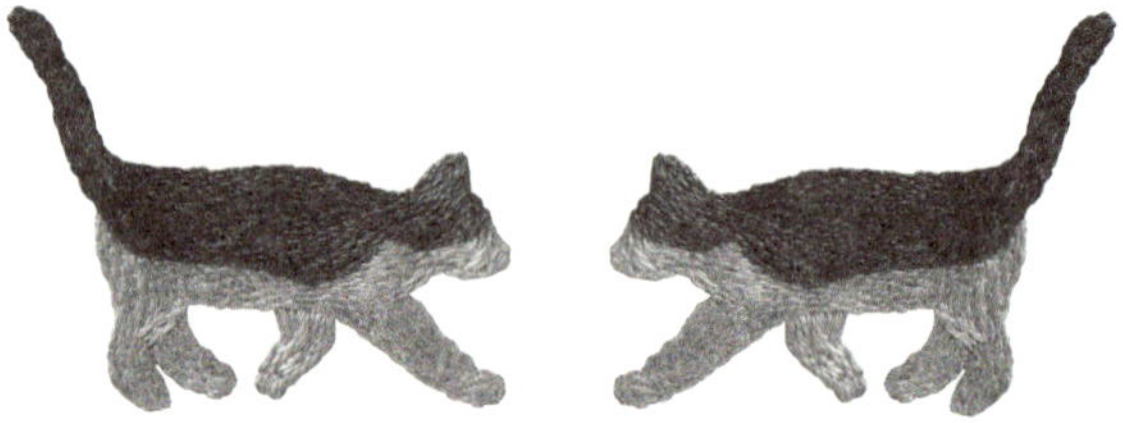

〝できた奥さん〟の、上手《じょうず》なさじ加減《かげん》を知ろう

嫉妬《しっと》というのは、「愛している」ということの意思表示《ひょうじ》でもあるので、少しはかまわないのですが、真っ黒まで妬《や》いてはいけませんし、相手を完全に籠《かご》のなかに入れても駄目《だめ》です。

「少しは嫉妬しつつも、ある程度《ていど》、相手を信じつつ、自由にしてあげる」という、そのあたりの加減《かげん》が大事です。

また、世間の人は全部が同じ立場ではありませんので、相手の職業《しょくぎょう》

などに合わせた調整をして、ある程度の立場に立った人には、それなりの〝できた奥さん〟になっていかなければ、難《むずか》しいこともあります。

そのように、相手の立場相応《そうおう》に、女性のほうも進化していかなければならないというわけです。

心のコントロールを大切に

映画《えいが》「怪談《かいだん》」の話では、四十前の唄《うた》のお師匠《ししょう》さんが、二十過《す》ぎの若《わか》い色男と深い仲になりました。

自分のほうが先に年を取っていくわけですから、やがて男に捨《す》てられて、男が若い女のほうに行くのは、最初から分かっていることです。

男のほうは、まだ収入《しゅうにゅう》が安定していないためにヒモになっているだけなので、いずれは独立《どくりつ》し、逃《に》げていくのは確実《かくじつ》です。それは、最初から分かっていることなのです。

それを分かっていて、「何年かの間、楽しければいい」というぐらいの気持ちなら、幽霊《ゆうれい》にまでならないでしょうが、「自分を捨てたら、絶対《ぜったい》に取り殺す」というところまで行ったら、やはりいけません。

みなさんも、どうか、そういう心のコントロールの一つとして、嫉《しっ》妬《と》心《しん》のあり方を考えていただきたいと思います。

Part 1 あなたは愛に振り回されていませんか？

心から愛していると…

けんか別れして、
相手を愛していたことに、
初めて気づく人がいる。

離婚《りこん》して、

妻のいない空虚《くうきょ》さに、驚《おどろ》く夫がいる。
さんざん、ののしって、
ホッとした後《あと》、
夫の偉大《いだい》さに気づく妻もいる。

子供を亡《な》くしてから、
ほめてやらなかった自分を、
責《せ》め続ける親がいる。

みんな、よく聴《き》きなさい。
失ってからでは遅《おそ》すぎるのだ。
愛しているなら、
今すぐ、
愛しているといいなさい。
好きなら、
好きであるということを、
今すぐ、
行動で示《しめ》しなさい。

永遠《えいえん》の後悔《こうかい》を残すなかれ。
生命《いのち》あるうちに、
愛しているということを、
心から愛しているということを、
伝えなさい。
伝え切りなさい。

How
About
You?

Part 2

あなたの愛はほんものですか？

Is Your Love a Real One?

「愛を与える」ということ

ここでは、「幸せになろう」というシンプルなテーマで述《の》べていきます。私の本を読み始めたばかりの人にも分かりやすい内容にしたいと思います。

幸福の科学では、「愛」の教えを特に大切にしていますが、特徴的《とくちょうてき》なのは、「愛」と「執着《しゅうちゃく》」とを明確《めいかく》に分けているところです。

世の中の多くの人たちは、「自分が愛される」ということを中心に、

「愛」について考えていることでしょう。これは「人からもらう愛」と言うこともできます。

一方、幸福の科学で説いている愛は「与える愛」です。「愛を与える」ということは、仏教的には「慈悲《じひ》」に当たります。

こういうことは、宗教的な考え方を学ばない限《かぎ》り、思いつくのは難《むずか》しいと思います。何らかの宗教に触《ふ》れることもなく、普通《ふつう》に学校教育を受けて社会に出ただけであれば、大多数の人は、「愛を与える」といったことは考えたこともないでしょう。

“愛している”のに、反発されるのはなぜ？

世の中では、「愛」についての間違《まちが》った考え方が、人々をかなり支《し》配《はい》しています。

「自分は人を愛している。愛の実践《じっせん》をしている」と思っている人は数多くいるのですが、考え方が間違っているために苦しみを生んでいることが多いのです。

例えば、子供に対する親の愛について考えてみましょう。

親はみな、「自分の子供ぐらいは、かわいがっているし、愛していますよ」と言います。

実際《じっさい》に、本心から子供を愛していて、子供のために生きているつもりでいるのでしょう。


ところが、子供が自分の思うようにならず、反抗《はんこう》されることも数多くあります。

「私は、子供をこんなに愛したのに、こんなにかわいがったのに、どうして、自分の言うことを聞かずに反発するのだろう。自分のことをこれほど悪《あ》しざまに言うのだろう。どうしてなのか、さっぱり分からない」と思って、苦しんでいる親は少なくないでしょう。

愛している子供が非行《ひこう》に走って不良になったり、反抗して家を出ていったりすることもありますし、子供の問題で夫婦《ふうふ》の仲まで悪くなってしまうこともあります。

「私は子供をこんなに愛したのに、なぜ、このような目に遭《あ》わなければいけないの？」と思うわけですが、実は、その考え方のなかに間違いが含《ふく》まれていることもあるのです。

〝条件《じょうけん》つきの愛〟が、わが子を追いつめることも……

その一つは、子供に成果を求めて、「目標を達成したら、愛してあげる」というような愛の与え方をすることです。

こういう親はたくさんいます。


これは、社会が男性化したことの一つの表れです。

会社などの男性の社会では、成果主義《しゅぎ》が進んでいます。これが家庭のなかに持ち込《こ》まれているのです。

母親が子供に一定の成果を求め、「子供が目標を達成したら愛するが、達成しなかったら、愛するかわりに叱《しか》ったり怒《おこ》ったりする」というケースはよく見られます。

もちろん、一定の範囲《はんい》では、そういうこともあってよいとは思います。

子供が学校で良い成績《せいせき》を取ったり、スポーツで活躍《かつやく》したり、絵画や書道で作品が評価《ひょうか》されたりすれば、親としてもうれしいので、子供をほめるのは当然でしょう。

しかし、これが、「成果を条件《じょうけん》にする」というように、愛することに条件をつけ始めると、問題が起きてきます。

子供としては、達成できる場合はよいけれども、達成できない場合には、親に反旗《はんき》を翻《ひるがえ》して自分を守ろうとするようになります。

「成果をあげて一定の条件を満たさなければ愛さないぞ」ということを親から言われると、子供は「親から捨《す》てられるかもしれない」という恐怖心《きょうふしん》を抱《いだ》きます。

〝愛〟の反対である〝恐怖〟を感じるのです。

子供は何とか成果をあげようとして頑張《がんば》るのですが、親の要求レベルが高いために、そこまで届《とど》かないこともあります。

そういうときに、子供は、自分を守ろうとして、反発したり、内なる世界にこもったり、逃避《とうひ》したりし始めるのです。

このように、子供の非行《ひこう》や反抗《はんこう》、逃避などは、親の「条件つきの愛」に問題があることもあるのです。

あなたの愛は、
「条件《じょうけん》つきの愛」に
なっていませんか？

パートナーの愛を重荷に感じるとき

同じようなことは、夫婦《ふうふ》や恋人《こいびと》同士の間でも起きやすいと言えます。パートナーに何らかの「条件《じょうけん》」を求めることがよくあるのです。

それは、「あなたがこういう条件を満たせば、私はあなたを愛します」といった考え方です。

「出世すれば愛する」
「収入《しゅうにゅう》が上がれば愛する」
「家を建てれば愛する」

このように、求める条件はいろいろありますが、「そういう愛し方は相手にとって重荷になる」ということを、十分に理解《りかい》できていないことがあるのです。

そのため、パートナーに尊敬《そんけい》されようとして一生懸命《いっしょうけんめい》に頑張《がんば》ってはいるものの、その重みに耐《た》えかねて苦しんでいる人がたくさんいます。

また、親子の間でも、夫婦や恋人同士の間でも、「自分が拘束《こうそく》されている感じ、管理されている感じが苦しい」という人は数多くいます。

親やパートナーに拘束されている感じが強まると、不幸感覚が強くなってくるものなのです。

「相手を愛している」つもりが、実は……

ところが、「愛している」と思っているほうは、相手を不幸にしているとは思っていません。

特に、人は頭が良くなると、支配欲《しはいよく》が強くなり、他《た》の人を支配したくなる傾向《けいこう》が出てきます。その支配欲のなかに、「相手を操縦《そうじゅう》できる」と思う気持ちが湧《わ》いてくるのです。

そういう人は、知恵《ちえ》がついて、相手が自分の狙《ねら》ったとおりになると「愛し合えている」と感じ、狙いから外れると「愛が成立していない」

と考える傾向があります。

これは、ある意味での支配欲です。

「相手を愛している」と思っていても、それは、幸福の科学で教えている「与える愛」とは違《ちが》うものです。

「相手を操縦して、自分の思うように動かせたら、愛が成立する」

「契約《けいやく》のように条件《じょうけん》が合致《がっち》すれば、愛したことになる」

「自分が思っている〝型《かた》〟に相手をはめ込《こ》むことができたら、愛が成立し、そうでなければ成立しない」

こういった考え方は何かが違うのです。

相手を意のままに操縦《そうじゅう》したがる人の、意外な本心とは

こうした考え方は、女性が持つ場合が多いのですが、「なぜ夫やパートナーの男性を型《かた》に入れたがるのか」ということを考えてみると、その原因《げんいん》は、やはり恐怖心《きょうふしん》だと思います。

それは、「相手を失うことへの恐怖」であり、「相手が手の届《とど》かないところへ行ってしまうことへの恐怖」です。

また、普通《ふつう》は、相手の男性が会社でどんな仕事をしているかが分か

らないことも多いので、「相手の行動や仕事に、目が届かないことへの恐怖」もあります。

相手が自分の手のひらの上に乗っていて、相手を操縦《そうじゅう》できるうちは「愛が成立している」と思えるけれども、操縦できなくなると「どこかで自分は捨《す》てられるのではないか」というような恐怖心が湧《わ》いてくるのです。

こうして、〝防衛本能《ぼうえいほんのう》〟が出てきて、相手を何とか操縦しようとするために、言葉がきつくなったり、相手の行動をチェックしたりするようになります。

家庭の愛が壊《こわ》れるきっかけ

例えば、夫が帰ってきて、お風呂《ふろ》に入っている間《あいだ》に、携帯《けいたい》電話やノートパソコンの着信メールを調べるような人がいます。こういうことをし始めると、だいたい、家庭の愛が壊《こわ》れるきっかけになるのです。

「どんなメールが入っているのだろう」
「これは女性からのメールなのでは」

などと思って、夫の着信メールを調べるうちに、だんだん妄想《もうそう》が膨《ふく》らんでいきます。しまいに、夫に探偵《たんてい》をつけたりするところまでいくと、かなり危《あぶ》ない領域《りょういき》に入っています。

そういうふうになってしまうのは、基本的《きほんてき》には支配欲《しはいよく》が原因《げんいん》です。「相手を支配したい」「独占《どくせん》したい」という気持ちがあるのです。

「どうしても、そういう気持ちが湧《わ》いてきてしまう」という人は、いったん冷静になって考えてみましょう。「支配欲や独占欲は、〝与える愛〟という教えから見て、どうか」を、よく考えてみることです。

やはり、それは相手を縛《しば》る愛なのです。そこに〝奪《うば》う愛〟の部分があるはずです。そのなかには地獄的《じごくてき》なものが含《ふく》まれています。

したがって、愛のかたちとしては、やはり間違《まちが》いがあるのです。

「恩着《おんき》せがましい親」から、子供は逃《に》げ出す

女性の場合、家族を自分の〝所有物〟として見てしまう傾向《けいこう》があります。「夫や子供を自分の所有物にしたい」という気持ちがあるのです。

親子関係がうまくいっている家庭では、

「お母さんは、あなたを産み落としただけで何もしていない。あなたが自分で勉強したり努力したりして偉《えら》くなったのだ」

という言い方をすることが多いので、子供は親に反発しません。

しかし、うまくいっていない家庭では、その逆《ぎゃく》の場合が多いのです。

子供のほうは、親が、「自分たちのことを所有物だと思っている」と感じると、反発してきます。

「あなたを産むときは、痛《いた》くて大変だった」

「あのときは、お父さんがリストラされて家でごろごろしていて、わが家の経済状態《けいざいじょうたい》は最悪だった」

「私は体調が悪く、出産して骨《ほね》までガタガタになってしまい、体が元に戻《もど》らなくなってしまった」

そういった話を、恩着《おんき》せがましく十年以上も言い続けられたら、それを聞かされるほうは大変です。

壊《こわ》れたテープレコーダーのように、親が同じことを繰《く》り返すと、子供のほうは「この話は、これで何回目かな」と思い、だんだん嫌《いや》になってきます。そして、小学六年生ぐらいから中学生あたりで、子供は親から逃《に》げ始めるのです。

「子供がなぜ逃げるのか」を、親は感じ取らなければいけません。

同じことをいつも言っているから逃げるのです。

「いかに大変だったか」と言って子供に恩を着せ、「おまえには〝借金〟があるぞ。返せ、返せ」と言い続けているわけです。

「与えきり」だからこそ「徳《とく》」が生まれる

これでは、子育てが母親の徳《とく》にはなりません。
「与えきり」だからこそ「徳」が生まれてくるのです。

「自分は縁《えん》の下の力持ちでよいのだ。
子供を育てること自体が、自分の生きがいであり、
それだけで十分ごほうびになった。
あとは子供が幸福な人生を生きればよいのだ」
親がそのように思っていれば、子供は逃《に》げていきません。

しかし、「自分が苦しんだ分、大変だった分は、あとできちんと取り返してやろう」と親が思っていたら、子供は逃げたくなります。

「いかに、おまえには〝借金〟があるか」ということを言い続けられたら、それが父親であろうと母親であろうと、やはり借金取りは嫌《いや》なので、子供は逃げたくなるのです。

もし、あなたの子供が逃げ始めたら、「自分にも、そういう口癖《くちぐせ》があるのではないか」と考えて、反省をしたほうがよいと思います。

嫉《しっ》妬《と》心《しん》を〝愛〟だと思い込《こ》んでいませんか？

一方、夫《ふう》婦《ふ》の関係では、「相手を失いたくない」という恐《きょう》怖《ふ》による嫉《しっ》妬《と》心《しん》を、愛だと勘違《かんちが》いしている人が少なくありません。

確《たし》かに、男女の愛が生まれるときには、二人の間《あいだ》に他《た》の人が入れないように、一定の嫉妬心も生まれ、〝排他的《はいたてき》〟になる傾向《けいこう》はあります。

ただ、この嫉妬心が過《す》ぎて、極端《きょくたん》なところまで行った場合には、もはや愛ではないと知らなければなりません。それは、愛ではなく、「相手を拘束《こうそく》すること」であり、「自由を奪《うば》うこと」です。相手はその重荷に苦しんでいるのです。「妻にいつも監視《かんし》されている」「夫にいつも監視されている」というのは、かなりつらいものです。

愛というものは、ほんとうは、お互《たが》いを幸福にするものであるべきなのに、相手の自由を奪ったり、相手を苦しめたり、拘束したりするものになりやすいのです。

「これこそが愛だ」と思って、自分の嫉妬心を肯定《こうてい》したり正当化したりしやすいので、「嫉妬心と愛とは違うのだ」と思わなければいけません。

「嫉妬心《しっとしん》」と「愛」とは
違《ちが》うのだと知ること。

「相手を信じる気持ち」を大切に

本能的《ほんのうてき》には、どうしても嫉妬心《しっとしん》は出てくるものですが、そのときに、「これは、ほんとうの愛ではないのだ」と思うことが大事です。そして、相手の人格《じんかく》を尊重《そんちょう》し、一定の範囲《はんい》で相手の自由を認《みと》めることです。「相手を信じる気持ち」を持たなければいけないのです。

それは、夫婦間《ふうふ》だけでなく、子供に対しても同じです。いくら子供のことが気になってしかたないとしても、一日中、見張るわけにはいきません。子供が学校へ行ったり、友達と遊んだり、塾《じゅく》へ行ったりしている間《あいだ》、どうしているのかは、親には分からないものですが、その行動をすべて見張るわけにはいかないのです。

相手を縛《しば》って、常《つね》に自分の〝圏内《けんない》〟に置いておくことは、必ずしも愛ではないのです。

もし、それが嫉妬になってしまっているときには、一度、反省をして、その思いを解体《かいたい》しなければいけません。そのままでは、嫉妬心が地獄的《じごくてき》なものへと転化するおそれが、とても強いからです。

“赤ちょうちん”をくぐる、ご主人の本音

嫉妬心《しっとしん》の原因《げんいん》のほとんどは恐怖心《きょうふしん》です。

相手に逃《に》げられる恐怖心、相手を喪失《そうしつ》することへの恐怖心、あるいは自己保存欲《じこほぞんよく》、自己中心主義《しゅぎ》から生まれているのです。

そのもとには、「相手を操縦《そうじゅう》したい」「相手を支配《しはい》したい」という気持ちがあります。それも、ある程度《ていど》の範囲《はんい》なら許《ゆる》される面はありますが、相手に苦しみを与えたり、重荷を与えたり、息苦しさを与えたり

するようになってくると、愛が〝死滅《しめつ》〟していきます。

実際《じっさい》、世の中には、「家に帰るのが怖《こわ》い」という男性がたくさんいます。

ご主人は、なぜ〝赤ちょうちん〟をくぐるのでしょうか。

それは、家に帰る時間を遅《おく》らせ、奥さんとの接触《せっしょく》時間を短くしようと〝退避《たいひ》〟しているからです。家を二軒《けん》持つわけにもいかないので、帰る時間をなるべく遅らせたいと思っているわけです。

奥さんとの接触時間が長いと、何を言われるか分かりません。

そこで、「家に帰ったら、すぐに寝《ね》られる状況《じょうきょう》」をつくりたいと思っているのです。

「もう、今日はくたびれた。残業でとても疲《つか》れた」

「今日は接待で大変だった」

そう言って、〝バタンキュー〟と寝られるようにしておいて、「妻と交《か》わす言葉はできるだけ短くしたい」ということです。

こういう男性は世の中にたくさんいます。彼らは、奥さんの攻撃《こうげき》から救わなければいけない、かわいそうな人たちです。どうしたら奥さんに対抗《たいこう》できるかも分からずに苦しんでいる〝救済《きゅうさい》〟の対象なのです。

相手に重荷を負わせると、
愛が死《し》滅《めつ》していく。

嫉妬《しっと》を抑《おさ》える「大人の知恵《ちえ》」を

嫉妬《しっと》の感情《かんじょう》を抑《おさ》えることは「大人の知恵《ちえ》」です。

嫉妬心を抑えていかなければなりません。

「相手を、独立《どくりつ》した個人《こじん》として尊重《そんちょう》する」という気持ちを持たなければいけないのです。


それは、夫婦《ふうふ》など男女のパートナーの関係でも、子供が成長してきたときの親子関係でも同じです。自分が干渉《かんしょう》してよい範囲《はんい》と、「この先は本人に任《まか》せなければいけない」という範囲とがあるのです。

「これだけあなたを愛しているから、完璧《かんぺき》に囲い込《こ》んで逃《に》がさないようにしているのよ」

「サメもフカも他《た》の魚も寄《よ》ってこられないように、トロール漁《りょう》みたいに網《あみ》を張って、私が守ってあげるわ」

そのような感じで夫を抱《かか》え込んでいると、夫もだんだん首が絞《し》まって、苦しくなってきます。

しつこい女性になると、夫の会社に電話をして、何時に帰ったかを確《たし》かめる人もいます。そして、夫が深夜に帰ってきて、「残業で遅《おそ》くなった」と言えば、「何時まで残業したの？」と追及《ついきゅう》していくわけです。

これは、夫を〝追いつめている〟のであって、愛することにはなっていないのです。

夫の立場からすると、妻が口うるさくなければ、早く家に帰ることもできるのです。しかし、妻が探偵《たんてい》か何かのように追及してくるために、帰るに帰れないのです。

成熟《せいじゅく》した大人として、ある程度《ていど》は、相手の自由にさせるべきところはあるのです。「お互《たが》いにプライバシーがある」ということを知らなければいけません。

「愛する」という能力《のうりょく》は伸《の》ばしていける

さまざまなことを述《の》べましたが、やはり、夫婦《ふうふ》であっても、親子であっても、相手を独立《どくりつ》した人格《じんかく》として認《みと》め、成熟《せいじゅく》した関係を結んで、相手を愛していくことが大切です。

そうでなければ、愛は長くは続きません。

「愛する」という能力《のうりょく》も、伸《の》ばしていけるものです。

そのためには、お互《たが》いに「成熟した関係をつくっていこう」と努力することが大事です。

「愛する能力《のうりょく》」は

伸《の》ばしていくことができる。

そして、愛が執着《しゅうちゃく》にならないためには、義務感《ぎむかん》や押《お》しつけではなく、やはり、自然に湧《わ》いてくる愛情《あいじょう》をお互いに大切にすることです。

以上、愛の話を中心に、幸せになるための一つの技術論《ぎじゅつろん》を述べました。愛を考える上での一側面として、参考にしていただければ幸いです。

小さなことを喜ぼう

この世の中は、
小さな喜びに満ちている。
朝ごはんが食べられること。
自分で歯みがきができること。
しっかりと排便《はいべん》ができること。

尿《にょう》がたくさん出ること。
車いすを使わずに歩けること。

自分の鼻と口で呼吸《こきゅう》ができること。
この手で子供たちの頭がなでられること。
夫婦《ふうふ》で抱《だ》きあえること。
階段《かいだん》が歩け、
陽《ひ》の光《ひかり》の中、公園を散歩できること。

そして、
今日も仕事があり、
職場《しょくば》があり、
まだ働けるということ。
世の中のお役に立てるということ。

ああ、
自由に動け、
人々に存在《そんざい》が喜ばれるということは、

何と幸福なことか。

だから、
小さなことを喜ぼう。
小さなことに感謝《かんしゃ》しよう。
小さなことに、
夢《ゆめ》と生きがいを感じとろう。

How About You?

Part 3

あなたの心はさわやかですか?

Live with Cheer

あなたは、さわやかに生きていますか？

本書の最後に、「さわやかに生きる」というテーマについて考えていきたいと思います。

世の中に出ている書物や私の蔵書《ぞうしょ》を見ても、「さわやかに生きる」というテーマで書かれた本は、ほとんど見当たりません。意外に、そういうことを言う人はあまりいないようなので、「私が言うしかない」と思い、このテーマを選んでみました。

誰《だれ》でも、愚《ぐ》痴《ち》っぽい人には会いたくない！

やはり、人間は、「明るさ」や「さわやかさ」を忘《わす》れないで生きていきたいものです。

「さわやかな人」になるために大事なポイントは何でしょうか。幾《いく》つかのポイントがあると思います。

まず、みなさんから見て、「こういう人は、さわやかではない」というタイプの人はどんな人かを想像《そうぞう》してみましょう。幾つか出てくると思います。

私なりに「さわやかでない人」を考えてみると、まず、「愚痴《ぐち》っぽい人」が挙げられます。


みなさんも、愚痴っぽい人とは何度も会いたくはないでしょう。

そういう人が、他《た》の人に同情《どうじょう》を乞《こ》うているのは分かりますし、気の毒であることも分かります。「愚痴を聞いてほしい」という気持ちも分かるのですが、何度も愚痴を聞かされると、聞かされるほうは、だんだん参ってきてしまいます。

心の〝ごみ〟をばらまくのは、やめよう

みなさんが「できたら何度でも会いたい」と思う人というのは、明るい人でしょう。明るい人と会うのでしたら、自分もエネルギーが湧《わ》いてきて元気になるので、お会いしたいと思います。

でも、会うたびに愚痴《ぐち》を聞かされるような人だと、気がめいってくるでしょう。やはり、「私は〝ごみ箱〟にされているのか」という気がしてしまうものです。

「人々の愚痴や悩《なや》みを聴《き》いてあげる」という仕事は、例えば、宗教などでは大事な使命の一つではありますが、ごみ箱をそれほど大きくはできません。

心のごみをばらまいて歩く人がいたら、そのあとを追って、一生懸《いっしょうけん》命《めい》、ごみを収集《しゅうしゅう》するというスタイルも、宗教的な仕事といえなくはないのですが、むしろ、その人に対して、「ごみをばらまくのをやめませんか」と話してあげるほうが積極的ですし、前向きでしょう。

やはり、〝ごみ〟を捨《す》てる人には、そうしないための考え方を教えてあげる必要があると思います。

愚痴《ぐち》は、あなたの心に〝曇《くも》り〟をつくる

では、どうすれば、愚痴《ぐち》を言わないで済《す》むようになるのでしょうか。

それには、まず、一つの事実を知るべきです。

愚痴を言うことは、宗教的にはどのようなことを意味するかということ、それは、「心に〝曇《くも》り〟をつくることなのだ」ということです。

なぜ愚痴が出るのでしょうか。

「もっともっと人からほめられたい」

「称賛《しょうさん》を得たい」

「お金が欲《ほ》しい」
「地位が欲しい」
「名誉《めいよ》が欲しい」

このように、いろいろなものについて、「欲しい、欲しい、欲しい、欲しい……」という気持ちはいっぱいあるのに、それが手に入らないから、愚痴が出るのです。

「自分だけよかれ」と思っても……

愚痴《ぐち》を言う人は、たいてい「人のせい」「環境《かんきょう》のせい」にするのです。それが特徴《とくちょう》です。

自分のせいにして愚痴を言う人は、めったにいません。「自分のせいだ」と考える人は愚痴を言わないものです。

「人のせい」「環境のせい」にして、「愚痴をまき散らす」ということが普通《ふつう》です。欲求《よっきゅう》不満のような感じでしょうか。そういう人は数多くいるはずです。

ただ、愚痴を言って何か得になることがあるならよいのですが、そんなことはありません。

例えばの話ですが、誰《だれ》かが、「家のなかにごみがたまると嫌《いや》だから」と言って、窓《まど》から外へごみを投げ捨《す》てたら、「家のなかがきれいになった」とはいっても、町にとっては〝公害〟です。「自分だけよかれ」と思っても、結局、町全体が汚《きたな》くなるのです。

愚痴だって同じです。

「愚痴を全部捨てたから、きれいになった」と思って、嫌なものを目の前から片《かた》づけたつもりでも、だんだん周りが嫌な気持ちになってきます。

このように、「愚痴というものは、自分自身の仏性《ぶっしょう》、神性《しんせい》（すべての生命が宿している、仏神《ぶっしん》と同じ尊《とうと》い性質）を穢《けが》すと同時に、他の人をも穢すものである」ということを知っていただきたいのです。

愚痴が出そうになったときには、どうか、「愚痴は心に曇《くも》りをつくるのだ。ごみをばらまくことになるのだ」と思ってください。

愚痴を言っていると、天上界《てんじょうかい》から守護霊《しゅごれい》※や指導霊《しどうれい》の光が下りてきても、その愚痴の曇りによって心に光が射《さ》さなくなります。その結果、自分自身が暗い心のままで生きていかなければならなくなります。

また、愚痴を言う人には、「友達が非常にできにくい」という特徴もあります。そのことを知っていただきたいのです。

※「守護霊」とは、地上の人間を守護・善導する霊のこと。守護霊は各人に一人ずつ付いている。また、大きな使命を持った人には、専門に指導する「指導霊」が付くこともある。

愚《ぐ》痴《ち》は、心に曇《くも》りをつくり、
“ごみ”をばらまくこと。

"昔話"をして、"今"と比《くら》べたくなったときに

愚痴《ぐち》っぽくなる原因《げんいん》のなかには、もちろん、肉体的な原因もあります。

人間は、年を取ると、たいてい体の調子が悪くなるので、愚痴っぽくなります。「あっちが痛《いた》い。こっちが痛い」ということから始まって、不平不満がたまってくるのです。

そういう人に気をつけていただきたいことがあります。

四十歳《さい》を過《す》ぎたら、「過去《かこ》の話」ばかりをしないように気をつけましょう。過去の話ばかりするのは、やめたほうがよいのです。「昔は、ああだった、こうだった」という話は、愚痴のもとになるからです。

「昔、自分の若《わか》いころは、こうだった。子供時代は、こうだった。三十歳のころは、こうだった。結婚《けっこん》したときは、こうだった。就職《しゅうしょく》のときは、こうだった。昇進《しょうしん》したときは、こうだった」などと言って、過去に目が向いていると、どうしても愚痴が出やすくなるのです。

人生の〝下《くだ》り坂〟にも、良いことはある

四十歳《さい》は人生の折り返し点です。

はっきり言えば、それまでは山を登ってきたのに、それ以降《いこう》は下《くだ》りに入る可能性《かのうせい》のあるポジション、これが四十歳です。

それまでは、だいたい、何らかのかたちで上《のぼ》り調子であることが多かったでしょうが、そこから先は、事実上、下っていき、最後は〝あの世行き〟になるのです。それは間違《まちが》いありません。

生まれる前が「山登りの前」だとすれば、生後、山を登っていっても、最後はこの世から去ることになるので、どこかで山を下らざるをえないのです。

「上り坂のときは良かった」といった過去《かこ》の自慢《じまん》話をしても、現在《げんざい》の状態《じょうたい》はそうでない自分を見て、愚痴《ぐち》が出る。それは悲しいことです。

だから、四十歳を過《す》ぎたら、昔話はほどほどにしましょう。

そして、未来を見つめましょう。

現実は〝下り坂〟かもしれませんが、下り坂にも、良いことはたくさんあります。

下り坂は、上りよりも歩くのが楽です。

また、「家に帰れる」ということでもあります。

分かりますでしょうか。

家に帰れるのです。

あの世、実在界《じつざいかい》というのは〝ほんとうの家〟なのです。

今は、この世に〝旅〟に出てきているのです。

山登りでは、誰《だれ》もが頂上《ちょうじょう》を目指していきますが、頂上に置いていかれたら大変なことになります。一晩《ひとばん》もいられません。

頂上に登ることが目標だったとしても、やはり家に帰りたくなるでしょう。

「山を下る」ということは、「これから家に帰れる」ということなのですから、いいことがいっぱいあるのです。

未来を見つめましょう。

「未来を見て、明るい気持ちで生きていこう」

こう決意することが、とても大切なのです。

四十歳を過ぎたら、過去のことを話しすぎないようにしましょう。

これを言っておきたいと思います。

さわやかな「第二の人生」を生きよう

そして、四十歳《さい》以上の人は、未来のことを、できるだけ明るい目で見て語るようにしましょう。

未来のことを明るく語っている五十代、六十代、七十代、八十代の人を見ると、若《わか》い人たちも「素晴《すば》らしいな」と感じるのです。

「自分も、ああいうふうになりたいな」

「十年後、二十年後は、あのようでありたいな」

「〝お迎《むか》え〟が近くなっても、あんなに元気で明るく生きられるというのは、うらやましいな。自分も、あのようでありたいな」

そのように思ってくれるようになります。
これは一種の「さわやかな生き方」であると思います。

自分よりも若い人から、「あの人のようには、なりたくない」と思われるような生き方は、やはり、「さわやか」ではありません。
けっこう、「あああいうふうにだけは、なりたくないな」などと言われているものです。

そういうことは、目の前では言ってくれないので、本人は知らないのですが、本人がその場にいなくなったら言われているものなのです。

したがって、「未来志向《しこう》」で生きていただきたいのです。

「未来を明るいものとして見よう。

『未来は明るい』と信じよう。

できるだけ物事の良い面を見ていこう。

愚痴《ぐち》を減《へ》らそう」

人生の半ばを過《す》ぎたら、こういう気持ちを持っていただきたいのです。

それだけでも、まったく違《ちが》います。

不思議なことに、まず、人気が出てきます。
他《た》の人がほめてくれるようになるのです。
「何だか、あの人、とても頑張《がんば》っているね」という感じで言われるようになるのです。

そうすると、それが浮輪《うきわ》のように「人生の浮力《ふりょく》」になってきます。
「あの人、すごいね。よく頑張っているし、明るいね。年齢《ねんれい》のわりに、よく未来を見つめているね」などと言われると、自分も力が湧《わ》いてくるのです。

そのような生き方をすることは、自分にとっても良いことなのです。

自分の愚痴を、ごみ箱に捨《す》てるように投げ捨てたいところではあるでしょうが、そんなものは、たいてい〝過去《かこ》の遺物《いぶつ》〟です。

ごみというのは、使用済《ず》みの、過去のものなのですから、こだわらないで、「未来志向」でいくことが大事です。

そういうことを心がけていただきたいと思います。

人生の半ばを過《す》ぎたら、
「未来志《し》向《こう》」を心がける。

「劣《れっ》等《とう》感《かん》」と「嫉《しっ》妬《と》心《しん》」は誰《だれ》でも持っているもの

それから、「さわやかに生きる」ということを考えたときに、みなさんの人生修行《しゅぎょう》における大きな課題として、「劣等感《れっとうかん》の克服《こくふく》」と「嫉《しっ》妬心《としん》の克服」という二つの問題があると思います。

「劣等感も嫉妬心も、まったく持ったことがない」という人は、ほとんどいないのではないでしょうか。

そういう人がいたら、手を挙げていただきたいものです。

やはりいないでしょう。

程度《ていど》の差はあっても、どんな人にも劣等感はあるものです。

ただ、それがいつも表面に出ていて、「あの人は劣等感が強いな」という感じのする人は、「さわやか」ではないでしょう。とても暗い感じがします。

人間は「違《ちが》い」があるからこそ面白《おもしろ》い

劣等感《れっとうかん》は「他人との比較《ひかく》」から生まれてくるものです。

そして、嫉妬心《しっとしん》も、やはり「他人との比較」から生まれるものです。

両方ともそうなのです。

この世では大勢《おおぜい》の人が一緒《いっしょ》に暮《く》らしていかなければなりませんが、どのような人にも、「ある部分は優《すぐ》れているが、ある部分は劣《おと》ってい る」という〝でこぼこ〟はあるものです。そんなものです。

すべての人が同じ〝人造人間《じんぞうにんげん》〟のようなものであってよいはずがあ

りません。

「まったく同じサイズで、同じ性能《せいのう》と機能《きのう》を持ち、寿命《じゅみょう》も同じ、馬力も同じ」ということであれば、それはロボットと同じです。人間が、そんなものであるはずはありません。

人間には、いろいろな違《ちが》いがあるから、楽しいし、可能性《かのうせい》があるし、面白《おもしろ》いのです。

そして、一人の人間だけでも面白いのですが、「人と人との組み合わせ」ということも面白いのです。違うタイプの人同士の組み合わせによって、いろいろなことができるところが、また素晴《すば》らしいのです。

「劣等感や嫉妬心のもとにあるものは、他人との比較」であると述《の》べましたが、人間は他《た》の人と違っていて当たり前なのです。バラエティーに富《と》んでいるからこそ、世の中は面白いのではないでしょうか。

誰《だれ》もが同じだったら、生まれてくる意味などないのです。

違う人がたくさんいるから面白いのです。

他の人たちから刺激《しげき》を受け、切磋琢磨《せっさたくま》しながら生きていくことができるわけです。

あるときは先生になり、あるときは弟子《でし》になり、お互《たが》いに教えたり教わったりしながら生きていくから、人生は楽しいのです。

劣《れっ》等《とう》感《かん》は、自分で乗り越《こ》えるしかない

そのようなわけで、劣等感《れっとうかん》や嫉妬心《しっとしん》があっても、頑張《がんば》ってクラッと「光明転回《こうみょうてんかい》」をしていく必要があります。努力して、これを乗り越《こ》えていくことが、「悟《さと》りへの挑戦《ちょうせん》」です。

劣等感や嫉妬心を持っていない人はいませんが、「それを、どのように乗り越え、プラスのほうに持っていくか」ということが大事なのです。

「私は劣等感を持っています。劣等感のかたまりで、ここも、あそこも……」と挙げていっても、解決《かいけつ》はつきません。

「私は美人ではないので、どうにかしてください」と言われても、せいぜい親に文句《もんく》を言うぐらいしかできません。

「身長をあと二十センチ伸《の》ばしたい」と言われても、ハイヒールを履《は》くぐらいしかないでしょう。

また、「頭を良くしたい」と言われても、その原因《げんいん》は過去《かこ》に勉強をさぼったことでしょうから、今ごろ言ってもしかたがないのです。

そのように、劣等感を他《た》の人に投げかけても、しかたがありません。他の人にあれこれと訴《うった》えかけて、慰《なぐさ》めてもらったところで、どうなるものでもないのです。

小さな成功を積み重ねていこう

やるべきことは、自分で精進《しょうじん》をし、小さな成功を積み重ねて、自信をつけていくことです。

自信をつけていくことによって、劣等感《れっとうかん》は薄《うす》まってきます。小さな成功が積み重なっていくと、だんだん、劣等感を持っていた自分のことを考えなくなってくるのです。

劣等感でいっぱいの人は、やはり不幸でしょう。一日中、自分の劣等感について考えている人は、不幸だと思うのです。

しかし、劣等感のことを考える時間がしだいに少なくなってきたときには、どうでしょうか。

例えば、「あの人を、どうにかしてあげたい」などと他《た》の人のことを考えるようになり、劣等感のことを忘《わす》れている期間が長くなってきたときには、あなたは幸福になってきたのでしょうし、成功してきているのです。

小さな成功を積み重ねると
劣等感《れっとうかん》は薄《うす》れていく。

あなたが嫉妬《しっと》する相手は、実は〝ライバル〟

もう一つの課題は「嫉妬心《しっとしん》の克服《こくふく》」です。

「他《た》の人と比較《ひかく》して、あらゆる面で絶対《ぜったい》に負けない」ということはありえません。何かが優《すぐ》れていても、何かは劣《おと》っているものです。

人間が嫉妬心を感じる相手とは、基本的《きほんてき》に、自分が関心のある領域《りょういき》の人、要するに、「自分のライバルになるようなタイプの人」であり、それ以外の人には感じないのです。

例えば、私が毎日、運動をしていても、それは、健康のためにする程度《ていど》のものであって、「スポーツ選手になろう」と思って運動をしているわけではありません。私が「オリンピック選手に嫉妬する」ということは、まずないのです。なろうとも思いません。

「ヤワラちゃん」の愛称《あいしょう》で親しまれている谷亮子《たにりょうこ》選手が、柔道《じゅうどう》で金メダルを取ろうが取るまいが、何の嫉妬心を感じることもありません。

ところが、かなり高いレベルの実力を持っていた元スポーツ選手だったら、どうでしょう。

現役《げんえき》を引退《いんたい》し、結婚《けっこん》して、今はママさんになっている人が、「ヤワラちゃんは、ママになってもメダルを取ろうとしている」という姿《すがた》を見たら、嫉妬心が出てくるのではないでしょうか。

「私は完全に引退しているのに、彼女はまだ現役でやっているのか」と思い、嫉妬心を感じるでしょう。

「嫉妬を感じる」というのは、やはり、自分が関心を持ち、「そのようになりたい」と思う領域の人に対してなのです。そういう人に対しては嫉妬を感じますが、それ以外の人には感じないのです。

嫉妬心は、自分にとって関心がある領域の人に感じるものなのです。

この嫉妬心についても、頑張《がんば》って心の持ち方を変えなければ、幸福にはなれません。

みなさんは、嫉妬心でギラギラしている人を見て、それが幸福な姿に見えますか? 「あの人は嫉妬心が強いな」と感じたとき、その人のようになりたいと思うでしょうか。

なりたいとは思わないでしょう。

他の人の姿を見れば、「嫉妬心は嫌《いや》なものだ」と感じるでしょうが、そう思う自分であっても、やはり嫉妬心は出てくるものです。

今、幸福な人は、あまり嫉妬《しっと》をしない

嫉妬心《しっとしん》については、女性は特に気をつけてくださいね。

本書の第1章でも述《の》べましたが、嫉妬の思いのままに、本能的《ほんのうてき》に突《つ》っ走っていくと、死んでから〝幽霊《ゆうれい》〟になってしまうかもしれません。

男性のほうは、やや理性《りせい》が強いので、嫉妬心で幽霊になる比率《ひりつ》は少ないでしょうが、女性は、感情《かんじょう》のままに嫉妬をしてしまい、気持ちが収《おさ》まらないことが多いのです。


嫉妬を感じている状態《じょうたい》は、「幸福ではない状態」です。

今、幸福な人は、あまり他人に嫉妬をしないものです。

あなたの幸福の程度《ていど》が上がれば上がるほど、人に対して嫉妬をしなくなります。

ところが、あなたの不幸感覚が強ければ強いほど、人に対する嫉妬心が強くなります。

そのような関係があるわけです。

このように、成功していくと、嫉妬心は薄《うす》くなってきます。

反対に、失敗が多かったり、えぐれている部分があったりすると、嫉妬深くなるのです。

「誰《だれ》も成功しない世界」にしないために

もし、自分の嫉妬《しっと》深さを正当化したら、どうなるでしょうか。

それは、かつて一世を風靡《ふうび》した「マルクス主義《しゅぎ》」のようになります。

マルクス主義の人たちは、成功した人をうらやむ気持ちが強く、「経営者《けいえいしゃ》などのお金持ちは、貧乏人《びんぼうにん》からお金を巻《ま》き上げ、自分は楽をしているのだ」というようなことを言っていました。

そのような言い方をして、自分たちの嫉妬心を正当化するわけです。

しかし、貧《まず》しさのほうを肯定《こうてい》したら、結局、上にいる人をみな引きずり下ろして、全員が貧しくなるしかなくなります。

共産主義国では、ほとんど、そのようになりました。みなが貧しくなり、その結果、「誰《だれ》も成功しない世界」ができてきたのです。

やはり、嫉妬心を肯定するわけにはいきません。

もし認《みと》められるとしたら、それは「健全な競争心」でしょう。「あの人は頑張《がんば》っているから、私も頑張るぞ」といった健全な競争心ならば、あってもよいと思います。

ただ、その競争心が嫉妬心のレベルまで行き、それを肯定するようになると、「人生に成功した」とは言えなくなるのです。

付き合いたい人、付き合いたくない人

嫉妬心《しっとしん》は、どうしても感じてしまうものです。

女性であれば、美人の女性や、いい服を着ている人、収入《しゅうにゅう》が多い人などに嫉妬を感じますし、男性ならば、収入の多い人や地位の高い人、高学歴の人、偉《えら》い親を持った人などに嫉妬を感じることが多いでしょう。

「あの人の親は、私の親よりも偉い」ということは、自分の力では変えようがないので、「なぜ私の親は偉くないのだろう」と不満に思うことがあるでしょう。

あるいは、「どうして、私はこういう貧乏《びんぼう》な家に生まれたのだろう。あの人はあんな大金持ちの家に生まれて、うらやましいな。私の家は〝あばら家〟なのに、あの人の父親は大きなビルのオーナーだ」などと思ったりします。

しかし、それをはっきりと口に出すような性格であれば、そのビルのオーナーの息子《むすこ》とは絶対《ぜったい》に付き合うことができません。誰《だれ》でも、露《ろ》骨《こつ》に自分のことを嫉妬してくる相手とは付き合いたくないからです。そういう人は嫌《いや》なものであり、遠ざかりたくなるものです。

もし、ギラギラとした嫉妬を感じるなら、その人からは遠ざかっておいたほうがよいのです。そういう人に近寄《ちかよ》ると不幸になるからです。

ただ、〝あばら家〟の息子であっても、お金持ちの家との違《ちが》いなどをまったく気にせず、気さくに付き合える人は別です。

「君の親は立派《りっぱ》だし、君もすごいなあ。僕《ぼく》も君のようになりたいなあ」と明るく言えるような人とは、金持ちの息子も気楽に付き合うことができます。

そのように、嫉妬をしない人とは友達でいることができるのです。

相手を自分の「理想像《ぞう》」と考えてみる

また、自分の顔立ちに自信がない人は、美人に嫉妬《しっと》するのではなく、友達になって、美容法《びようほう》やファッションなど〝きれいになる秘訣《ひけつ》〟でも聞き出したらよいかもしれません。

競争心からではなく、ごく自然なお付き合いのなかで、相手から学んでいくと、自分も少しずつ近づいていける可能性《かのうせい》があるのです。

要するに、自分が嫉妬を感じる相手は、ほんとうは、自分自身の「理想像《ぞう》」なのです。

理想像であるその人を嫉妬しているかぎり、幸福にはなれません。

それは、相手に〝呪《のろ》いの矢〟を撃《う》っているようなものなのです。

「あの人は、うまいことをやっている。許《ゆる》せない」

「お金儲《もう》けをしている。許せない」

「ビルを建てている。許せない」

「親が偉《えら》い。許せない」

などと思い、呪いの矢でパシーッと撃ち落とそうとしているのです。

そういう人は、付き合いたくない〝種族〟です。

それでは人脈ができないでしょうし、徳《とく》もないので、「友達はできず、支《ささ》えてくれる人もいない」ということになってしまいます。

もう、嫉妬《しっと》をするのはやめよう

努力して乗り越《こ》えなければいけません。
嫉妬心《しっとしん》を乗り越えましょう。
生まれつき嫉妬心のない人はいないのです。
本能《ほんのう》のままでいけば、嫉妬心はどうしても出てくるのです。

まず、「嫉妬心を持ったり、それを増幅《ぞうふく》させたりすることによって、幸福になることはないのだ」という考え方を知ることが大事です。
それを知ったなら、その知識《ちしき》をもとにして、自分の心をコントロールしていくことです。

「嫉妬をしても幸福にはならない。
もう嫉妬をするのはやめよう。
嫉妬を感じるのは、相手がうらやましいからだ。
その人をうらやましいと思うわけは、
関心のある領域《りょういき》で、自分よりも進んだところにいるからだ」
そういうふうに考えることです。

自分がその人に成り代わることはできないにしても、「その人を理想として、近づいていこう」と思い、「その人の成功を祝福しよう」という気持ちを持つことです。

それによって、あなたは理想に近づいていけるのです。

ところが、その人を嫉妬して攻撃《こうげき》すると、あなたは理想から遠ざかっていくのです。

今、国全体で「格差《かくさ》社会」ということが言われ、一種の共産主義《しゅぎ》運動のようなものが再《ふたた》び始まっているように思われます。

このような状況《じょうきょう》のなかで、経済的《けいざいてき》に苦しんでいる人もいて大変だろうとは思いますが、それを正当化しすぎてもいけないのです。

成功している人を祝福する

格差《かくさ》社会のなかで成功している人を見たら、素直《すなお》に成功の秘訣《ひけつ》を学び、自分も近づいていこうと気持ちを切り替《か》えることが大切です。

現実《げんじつ》には、「あの人は、ぼろ儲《もう》けをしているから面白《おもしろ》くない」という嫉妬心《しっとしん》が起きてくることもあるでしょうし、成功している人を批判《ひはん》して撃《う》ち落とすことによって、一時的に気分がすっきりすることもあるかもしれません。

ただ、それでは、ほんとうは幸福になれないのです。

成功している人を見たら、まず、それを理想像《ぞう》として祝福することが大切です。

もっとも、そういう人に「素晴《すば》らしいね」と言うのは大変なことです。なかなか恥《は》ずかしくて言えないでしょう。

例えば、ある高校生が英語の試験で六十点しか取れず、悔《くや》しがっているとしましょう。そのとき、百点を取った人を祝福することは、なかなか簡単《かんたん》ではないかもしれません。

「あの人には、いい家庭教師《きょうし》が付いているのだろう」

「わが家と違《ちが》って、母親が英文科を出ていて、英語がペラペラらしい」

何か理由をつけたくなるものです。

しかし、こういうときに、素直に相手の力を認《みと》め、「あの人はすごいな」と肯定《こうてい》することによって、自分もその理想像に近づいていくことができるのです。


人間は、自分が理想化し、肯定し、祝福した相手に、必ず近づいていきます。自分が目標として心に描《えが》いている人や、人生の目標に向かって必ず近づいていくものなのです。

「何を目標にするか」ということが大事です。

成功者を引きずり下ろすことに一生懸命《いっしょうけんめい》になり、それに夢中《むちゅう》になってはいけません。成功者は「自分の目標」なのですから、そちらの方向に近づいていかなければならないのです。

どうか考え方を変えてください。

本心から人をほめる。下心なくほめる。

そして、その理想像に近づいていく。

そういう人は、少なくとも、「すでに不幸の状態《じょうたい》から脱《だっ》している」と言えるのです。

人間は、理想化し、肯定《こうてい》し、
祝福した相手に近づいていく。

考え方を変えて「成功のレール」に乗り換《か》える

心のなかが劣等感《れっとうかん》や嫉妬心《しっとしん》でいっぱいになっているときには、「自分は不幸な人間になっているのだ」ということを知ることです。

反対に、そういう思いが薄《うす》くなっていくときには、「自分は成功の軌道《きどう》に乗っていて、幸福になりつつあるのだ」ということが言えるのです。

特に、若《わか》い人は、純粋《じゅんすい》で、繊細《せんさい》で、感受性《かんじゅせい》が強かったりするので、劣等感や嫉妬心をものすごく大きく感じるものです。

劣等感や嫉妬心を敏感《びんかん》に感じる人のなかには、実は、優秀《ゆうしゅう》な人も数多くいるのです。

そのような人は、考え方を変えることで、成功の軌道に乗ることが可能《かのう》になります。

どうか考え方を変えていただきたいと思います。

常《つね》にポジティブな生き方を

常《つね》に、ポジティブな生き方、すなわち、積極的で前向きで未来志向《しこう》の生き方ができる人になってください。

難局《なんきょく》に当たったときに、勇気を持って決断《けつだん》し、それを乗り越《こ》えることができる。見事にやり遂《と》げ、突破《とっぱ》できる。

そういう姿勢《しせい》で生きている人を、世の中の人々は「さわやかに生きている」と感じるのではないでしょうか。

じとじとした暗い面を捨《す》て、スパッと割《わ》り切って、明るく生きていくことです。そういう生き方が、さわやかで良いと思います。

悩《なや》んだり、愚痴《ぐち》を言ったり、迷《まよ》ったりする要素《ようそ》は、いくらでもあるでしょうが、それを言っていても、しかたがありません。また、そういう人には、他《た》の人もついてきてはくれません。

自分の悩みに対しては、適当《てきとう》なところで「見切り」をつけなければいけないのです。

「この辺で、もう悩むのはやめておこう」

「死んだ人は帰ってこないのだから、これ以上、悔《く》やんでも、しかたがない」

「悩んでいても借金は自然には減《へ》らない。とにかく前向きに闘《たたか》っていくしかない」

そのように、決然とした気持ちを持ち、「一歩でも二歩でも進んでいこう」と思うことが大事です。

そういう人は、見ていて、すっきりしていて、とても気持ちが良いものです。ぜひとも、そのような人になりたいものです。

それは、心の持ち方一つでできることであり、それほど難《むずか》しいことではありません。

さあ、心のスイッチを「オン」にしよう

さあ、心のスイッチを「オン」にしましょう。

「明るい方向」にスイッチを入れるのです。

スイッチを「オン」にすると、パッと電灯がつき、「オフ」にすると消えます。それだけのことです。

心が暗くなっているのだから、明るいほうに思いを変えなさい。

心の〝鍵穴《かぎあな》〟に鍵を差し込《こ》んで、明るい側にクルッと回しなさい。

そういう明るい方向で生きなさい。

それが、「さわやかに生きる」ということなのです。

心のスイッチをオンにして、

明るい方向に思いを変えよう！

愛という名の卵

胸《むね》に手を当てて、
心静かに振《ふ》り返ってみてください。
みなさんは、一生のうちで、愛という名の卵《たまご》を、
この世にいくつ送り出したことがあるでしょうか。
生まれてよりこのかた、

他《た》の人にどれだけ愛を与えたでしょうか。
植物や動物には、どれだけ愛を与えたでしょうか。
また、自分自身に対して、どれだけ愛を与えたでしょうか。
そして、主《しゅ》に対して、どれだけ愛を返したでしょうか。
私はみなさんに、このように問いかけたいのです。

みなさんは、やがて地上を去り、実在《じつざい》の世界に還《かえ》ると、
みずからの生涯《しょうがい》を走馬灯《そうまとう》のように振り返る時が来ます。
その時、

「幸福の卵としての愛を、何個《こ》、産んだか」ということを、
一人ひとりの人物との関係において、
つぶさに見せられることになります。
すなわち、父、母、妻、夫、子供、
師《し》、友人、同僚《どうりょう》、上司、部下など、
さまざまな人びとに対して、
愛という名の卵をどれだけ産んだかを問われるのです。

幸福の女神《めがみ》を呼《よ》び寄《よ》せるためには、

まず愛の卵を産むことです。
他人を幸福にしていくことです。
他人を幸福にしていこうとするなかにこそ、
自分の幸福というものがあるのです。

あとがき

要するに、嫉妬心《しっとしん》で心が一杯《いっぱい》なら、今のあなたは幸福とはいえないのです。

本書は、考え方のスタイルを変えることによって、あなたを誰《だれ》からも好かれて、幸福感に満たされたステキな人に変えるための魔法の書です。

「この辺で、もう、悩むのはやめておこう」と、考え方を変えてみませんか。

同情をひいて悲劇《ひげき》の主人公を気どるのはもうやめましょう。さっぱりと生きましょう。
五月の風のように吹き渡ってゆきましょう。

二〇〇九年　五月

幸福《こうふく》の科学総裁《かがくそうさい》　大川隆法《おおかわりゅうほう》

本書は左記の内容をとりまとめ、加筆したものです。

Part1 嫉妬心の怖さについて　二〇〇七年九月一日説法
東京都・東京南部支部精舎

Part2 幸せになろう　二〇〇八年五月十一日説法
愛媛県・松山支部精舎

Part3 さわやかに生きる　二〇〇七年九月二十日説法
福岡県・福岡中央支部精舎

［コラム］
あなたに贈ることば①『限りなく優しくあれ』145～147ページ
あなたに贈ることば②月刊「幸福の科学」二〇〇五年二月号
あなたに贈ることば③月刊「幸福の科学」二〇〇五年九月号
あなたに贈ることば④『愛から祈りへ』32～37ページ

『ハウ・アバウト・ユー？』大川隆法著作参考文献

『感化力』（幸福の科学出版刊）
『幸福への方法』（同右）
『釈迦の本心』（同右）
『幸福の革命』（同右）

ハウ・アバウト・ユー？　――幸せを呼ぶ愛のかたち――

2009年5月27日　初版第1刷

著　者　大川隆法《おおかわりゅうほう》

発行所　幸福の科学出版株式会社
〒142-0041 東京都品川区戸越1丁目6番7号
TEL (03)6384-3777　http://www.irhpress.co.jp/

印刷・製本　株式会社 堀内印刷所

落丁・乱丁本はおとりかえいたします

ISBN978-4-87688-391-2 C0030

大好評

大川隆法ベストセラーズ　ワン・ポイント説法シリーズ

アイム・ファイン
**自分らしく
さわやかに生きる
7つのステップ**

この「自己確信」があれば、
心はスッキリ晴れ上がる！
笑顔、ヤル気、タフネス、
人間の魅力を
磨き続けるための
7つのステップ。

1,200円

ティータイム
**あたたかい家庭
幸せのアイデア25**

ちょっとした工夫で
毎日がもっとうれしい。
夫婦、親子、嫁姑、家計、
家庭と仕事、
健康などをテーマに、
幸福になるための秘訣が
分かりやすく説かれる。

1,200円

コーヒー・ブレイク
**幸せを呼び込む
27の知恵**

心を軽くする考え方、
幸せな結婚、家族の幸福、
人間関係の改善などについて、
ハッとするヒントを集めた、
ワン・ポイント説法集。

1,200円

大川隆法ベストセラーズ　本当の自分に出会う

2009年10月
映画化

仏陀の言葉が胸に迫る

仏陀再誕

縁生の弟子たちへのメッセージ

我、再誕す。
すべての弟子たちよ、
目覚めよ――。
二千六百年前、
インドの地において説かれた
釈迦の直説金口の説法が、
現代に甦る。

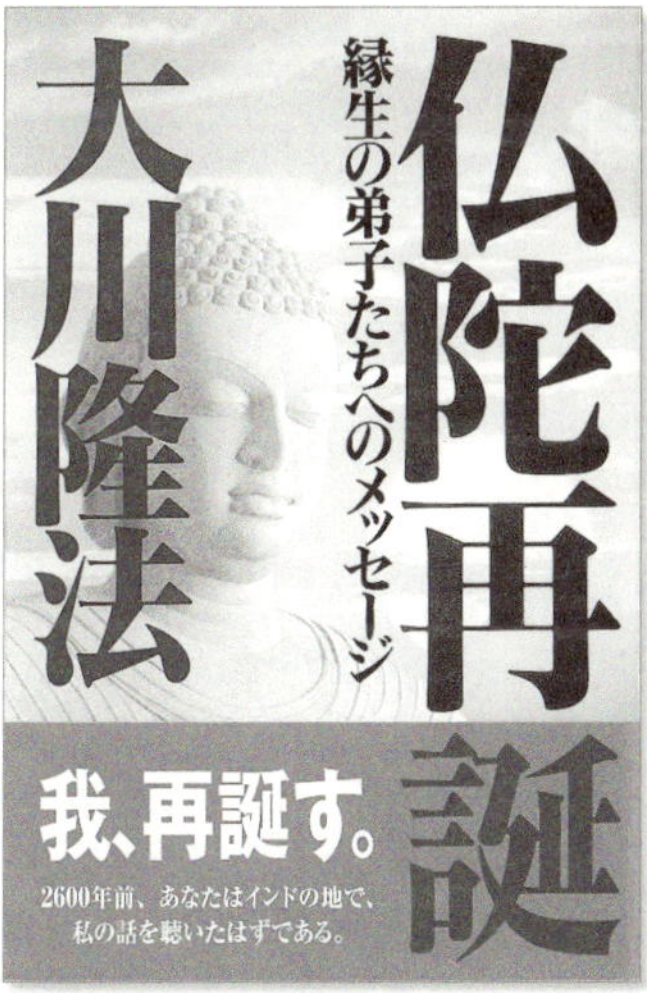

1,748円

第1章　我、再誕す
第2章　叡智の言葉
第3章　愚か者となるな
第4章　政治と経済
第5章　忍耐と成功
第6章　転生輪廻とは何か
第7章　信仰と仏国土建設への道

〔携帯版〕
A6判変型・
ソフトカバー
800 円

2009年
10月17日
全国
ロードショー

あなたに幸福を、地球にユートピアを——
宗教法人「幸福の科学」は、
この世とあの世を貫く幸福を目指しています。

幸福の科学は、仏法真理《ぶっぽうしんり》に基づいて、まず自分自身が幸福になり、その幸福を、家庭に、地域に、国家に、そして世界に広げていくために創られた宗教です。

「愛とは与えるものである」「苦難・困難は魂を磨く砥石《といし》である」といった真理を知るだけでも、悩みや苦しみを解決する糸口がつかめ、幸福への一歩を踏み出すことができるでしょう。

この仏法真理を説かれている方が、大川隆法総裁です。かつてインドに釈尊《しゃくそん》として、ギリシャにヘルメスとして生まれ、人類を導かれてきた存在、主エル・カンターレが、現代の日本に下生《げしょう》され、救世の法を説かれているのです。

主を信じる人は、どなたでも、幸福の科学に入会することができます。あなたも幸福の科学に集い、ほんとうの幸福を見つけてみませんか。

幸福の科学の活動

● 全国および海外各地の精舎《しょうじゃ》、支部・拠点等において、大川隆法総裁の御法話拝聴会、反省・瞑想《めいそう》等の研修、祈願などを開催しています。

● 精舎は、日常の喧騒《けんそう》を離れた「聖なる空間」です。心を深く見つめることで、疲れた心身をリフレッシュすることができます。

● 支部・拠点は、あなたの町の「心の広場」です。さまざまな世代や職業の方が集まり、心の交流を行いながら、仏法真理を学んでいます。

幸福の科学入会のご案内

◆ 精舎、支部・拠点・布教所にて、入会式にのぞみます。入会された方には、経典《きょうてん》「入会版『正心法語《しょうしんほうご》』」が授与されます。

◆ お申し込み方法等については、最寄りの精舎、支部・拠点・布教所、または左記までお問い合わせください。

幸福の科学サービスセンター
TEL 03-5793-1727
受付時間 火～金：一〇時～二〇時
土・日：一〇時～一八時

大川隆法総裁の法話が掲載された、幸福の科学の小冊子（毎月１回発行）

月刊「幸福の科学」
幸福の科学の
教えと活動がわかる
総合情報誌

「ザ・伝道」
幸福になる
心のスタイルを
提案

「ヘルメス・エンゼルズ」
親子で読んで
いっしょに成長する
心の教育誌

「ヤング・ブッダ」
学生・青年向け
ほんとうの自分
探究マガジン

幸福の科学の精舎、支部・拠点に用意しております。
詳細については下記の電話番号までお問い合わせください。

TEL 03-5793-1727

宗教法人 幸福の科学 ホームページ **http://www.kofuku-no-kagaku.or.jp/**